JN410974

그리움의 시간

그리움의 시간

1판 1쇄 : 인쇄 2021년 10월 21일
1판 1쇄 : 발행 2021년 10월 25일

지은이 : 강덕순
펴낸이 : 서동영
펴낸곳 : 서영출판사

출판등록 : 2010년 11월 26일 제 (25100-2010-000011호)
주소 : 서울특별시 마포구 월드컵로 31길 62
전화 : 02-338-0117 팩스 : 02-338-7160
이메일 : sdy5608@hanmail.net

디자인 : 이원경

ISBN 978-89-97180-99-8 04810
ISBN 978-89-97180-00-4(set)

오늘의 詩選集 49

그리움의 시간

강덕순 시집

2021·서영

강덕순 시인의 첫 시집 출간을 축하하며

강덕순 시인은 전남 함평에서 1952년 10월 6일에 태어났다.

그녀는 월간지 [문학공간] 신인문학상을 받아 시인으로 문단에 데뷔했다.

문학상으로는 제19회 혜산 박두진 전국 백일장에서 수상했으며, 서구 문화센터 백일장 최우수상, 제9회 샘터 문학 특별작품상, 고마노 문학상, 진주시조 백일장, 제52회 한민족통일문화제전 문학상, 제46회 전국 웅변대회 최우수상 등을 수상했다.

표창장으로 2016년 행정자치부 장관 표창이 있으며, 현재 한실문예창작 회원, 꽃스런 문학회 회장, 소비자단체 위원, 바르게 단체 위원, 여성재단 다문화 위원, 인꽃지기 한반도 숲사랑여성 부총재, 유권자연맹 위원, 한국국민운동본부 사무국장 등으로 활약하고 있다.

자, 그러면 지금부터 강덕순 시인의 다채로운 시 세계로 여행을 떠나 보도록 하자.

서로가 마음 깊이
속앓이하며 숨겨온 지
어언 칠십 년 세월

꽃망울 터지듯
다 터뜨려 버리자
미움 원망 다 버리고
두 손 합장하며

남과 북
한반도 품어 안고
활짝 꽃피워 보자

백두에서 한라까지
푸른 물 상상만 하여도
마음은 벌써 대동강가에 서 있다

푸르게 푸르게
찬란한 사랑의 빛
우리 함께 만들자

하늘 나는 새들도
저리 즐거워 노래하니

보도 다리 다시 만나
화해의 꽃 피우자

통일꽃 평화꽃
활짝 피우는 날
다 함께 노래하며 춤추자.

- [악수] 전문

이 시에서의 시적 화자는 한반도의 평화를 애타하는 시선을 보내며 서 있다.

속앓이한 지 어언 70여 년, 이제는 미움 원망 다 버리고 하나될 때가 아니냐. 남과 북은 한반도를 품어 안고 활짝 꽃피울 때가 아니냐. 상상만 해도 이미 마음은 백두에서 한라까지 그리고 대동강까지 가 있다. 이제는 푸르게 찬란한 사랑의 빛 만들 때가 아니냐. 하늘 나는 새들처럼 즐거이 노래하며 보도 다리에서 만나 화해의 꽃 피울 때가 아니냐. 통일꽃, 평화꽃 피워 함께 노래하며 춤출 때가 아니냐.

진정한 악수, 진정한 통일, 진정한 평화를 원하는 간절함이 스며 있는 시가 감동으로 다가온다.

따라쟁이
너는 왜 나만 따라하지?

먼저 말 걸지 않으면
절대로 먼저 말하지 않는 너

먼저 할 수도 있으련만
단 한 번도 하지 않는다

울면 따라서 울고
웃으면 따라서 웃긴 하지만

너의 속마음을
그 누구도 모른다

있는 대로만 보여 준다
정말 양파 같은 너.

- [거울] 전문

이 시에서의 시적 화자는 거울에게 불만을 토로하고 있다.

왜 따라만 하느냐. 먼저 말 걸어 보라. 먼저 말 걸어 보고, 먼저 할 수 있는 것 해보라. 울면 따라 울고, 웃으면 따라 웃지 말고, 자발적으로 울고 웃고 해보라. 너의 속마음을 알고 싶다. 겉모습 속에 있는 너의 속마음을 알고 싶다. 양파 같은 너의 진짜 속마음은 도대체 뭐냐. 마치 연인에게 한마디

하는 것 같다. 가식이 아닌 진심, 거짓이 아닌 진실, 겉치레가 아닌 속사랑을 알고 싶은 시적 화자는 거울을 통해, 하소연하고 있다.

진심, 진실 위에 서 있는 진짜 사랑을 하고 싶은 듯하다. 사랑으로 가는 지름길을 찾고자 애를 쓰고 있는 시적 화자가 가까이 있는 듯하다.

걸어온 길 알 수 없듯
걸어갈 길도 알 수 없다

살아온 동안
어떤 사랑을 했을까

살아갈 삶은 또
어떤 사랑을 할까

잊고 싶지 않은 순간들
잊고 싶은 순간들

이 모든 추억들이
겹겹이 쌓일수록
행복한 자산가

생생한 인생이란
시련과 역경을 이겨냈을 때
보물의 가치를 가질 수 있으니까.

- [필수 코스] 전문

이 시에서의 시적 화자는 자신의 인생을 되돌아보고 있다.

걸어온 길, 걸어갈 길, 둘 다 알 수 없지만, 살아온 동안 어떤 사랑을 했는지는 되돌아볼 수 있지 않나. 또 앞으로 살아가는 동안 어떤 사랑을 할 것인지, 잊지 않고 싶은 순간, 의미 있는 추억, 생생한 인생, 시련과 역경을 이겨낸 삶, 보물의 가치를 가지는 발자취 등은 과연 내게 있는 것인가. 그걸 갖추는 게 필수 코스는 아닐까. 그런 것들을 갖추지 않고 허비해 버리는 삶, 그게 가치가 있는 것인가. 그 가치 있는 삶, 보물의 가치를 간직하며 살아가는 인생이 우리가 가야 할 필수 코스가 아닐까.

그런 점에서 이 시는 우리에게 여러모로 생각할 기회를 주고 있다.

오월 이때쯤이면
가는 곳마다
인심이 넘쳐 흐른다

흰 쌀밥
저리 많이
차려 두었는지

주먹밥 지어 송이송이
마음대로 배불리
서로 나누며

사랑도
풍년 들게
빌고 또 빈다.

- [이팝나무] 전문

이 시에서의 시적 화자는 이팝나무를 바라보며 자신의 삶을 내려다보고 있다.

오월에는 가는 곳마다 인심이 넘쳐 흐르고 있다. 거기에는 이팝나무가 흰 쌀밥을 차려 두고 송이송이 주먹밥을 나눠 주며 배고픈 이들을 배불리 먹이고 있는 듯하다.

이왕이면 사랑도 풍년 들기를 빌고 또 비는 시적 화자, 이는 마치 실제 시인의 나눔 활동을 대변해 주고 있는 듯하다. 평소 섬김 활동을 많이 하고 있는 시인의 따스한 심성이 그대로 시심에 반영된 듯하다. 멋진 인생을 살아가는 강덕순 시인의 세계관을 만날 수 있어 좋다.

한 많은 사연 가슴에 묻고
달밤이면 그림자라도
행여 발자국 소리라도
오매불망 가슴 태운다

주황빛 사연에 슬픔 묻고
소리 없이 웃는 저 모습
기품 있는 도도한 자태
시들지도 못하고 툭 떨어져 내린다

송이송이마다 눈물 담아
고살 어귀에 주렁주렁 매달고서
두 귀 쫑긋 세워 기린목 되었다.

- [능소화·1] 전문

이 시에서의 시적 화자는 한 많은 사연을 가슴에 묻고 살아가고 있다.

달밤 아래서는 행여 님의 발자국 소리라도 듣고자 애태운다. 주황빛 사연에 슬픔 묻고 소리 없이 웃고 있는 모습, 기품 있는 도도한 자태 때문인지 시들지도 못한 채 툭 떨어져 바닥에 곤두박질치는 능소화, 송이마다 눈물 담아 고샅 어귀에 주렁주렁 매달려, 두 귀 쫑긋 세워 기린목 된 능소화, 어쩜 시적 화자의 내면을 대변하고 있지는 않을까. 자신의 내면, 자신의 의식, 자신의 삶을 능소화라는 사물을 통해, 표현하고 있지는 않을까.

사물을 바라보고 해석하고 같이 공감하며 함께 아파하고 그리워하고 안타까워하는 자세가 무척이나 아름다워 보인다.

겨울 지나면
제일 먼저 나오기에
너를 기다린단다

눈에 띄지도 않은 작은 꽃
빨리 피기에
너무나 귀엽고 예쁘다

희망이라는 꽃말도 고와
너를 보면
기분이 환해진다

오밀조밀 앙증맞은 꽃
마디마디 주렁주렁
달려 있는 작은 등불

수양버들처럼

축 늘어져
활짝 웃어 주는 꽃

너는
피어나는
새봄이다.

- [영춘화] 전문

이 시에서의 시적 화자는 영춘화에 대한 예찬을 쏟아내고 있다.

겨울 지나면 제일 먼저 기다리는 존재, 작아서 눈에 띄지도 않는 꽃, 이른 봄에 피어나는 귀엽고 예쁜 꽃, 꽃말이 희망이어서 그런지 보면 기분 좋아지는 꽃, 오밀조밀 피어나 앙증맞은 꽃, 마디마디 주렁주렁 달려 있는 작은 등불인 꽃, 수양버들처럼 축 늘어져 활짝 웃어 반겨 주는 꽃, 피어나는 새봄인 꽃, 그게 바로 영춘화라고 칭송하고 있다.

어쩌면, 영춘화처럼 피어나는 세상 사람들이 많아지길 염원하고 있는 듯하다. 봉사활동을 많이 하는 시인에게, 이 영춘화는 특별한 의미로 다가선 듯하다.

숲의 이마부터
가을의 발뒤꿈치까지
저 예쁜 색칠을

누가 했을까

붉게 덧칠하며 남하하는
솜씨와 맵씨가
어찌 저리 고울까

곱디고운 색깔은
단풍꽃이라 부른다

나 같은 사람은
그냥 단풍이다

치열한 격전지,
그 모진 비바람
꿋꿋이 참고 견뎌내야
진짜 단풍꽃이 된다.

- [단풍꽃] 전문

이 시에서의 시적 화자는 단풍을 꽃으로 여기고 있다.

누가 숲의 이마에서부터 가을의 발뒤꿈치까지 저리 예쁘게 색칠했을까, 붉게 덧칠하는 솜씨와 맵씨가 어찌 저리 고울까, 시적 화자처럼 그냥 단풍이 아니라, 곱디고운 색깔을 한 단풍, 그래서 단풍꽃이다.

치열한 격전지, 시련과 역경인 모진 비바람을 꿋꿋이 참고 견뎌내어, 온갖 고난을 다 겪고 이겨낸 다음에야 피어나는 저 단풍꽃을 보면서, 시적 화자는 여러모로 반성하고 있다. 이후 좀 더 인내하며, 좀 더 참고 견뎌내며, 고난과 역경과 시련을 이겨내며 살아가는 현대인이 되리라 여겨진다.

연분홍 벚꽃이
봄바람 타고 휘날리는 날

순수한 동심으로 돌아가
꽃잎을 두 손으로 받아

사랑하는 사람에게
뿌려 주고 싶다

꽃도 시간도 사랑도 사람도
사라지기 전에.

- [꽃비] 전문

이 시에서의 시적 화자는 꽃비를 바라보며 여러 상념에 잠기고 있다.

연분홍 벚꽃이 봄바람 타고 한들한들 휘날리는 어느 봄날, 순수한 동심으로 돌아가 낙화를 두 손으로 받고 있는 시적 화자, 그는 낙화하는 꽃잎을 두 손으로 받아 사랑하는 이에게 전해 주고 싶어한다. 꽃, 시간, 사랑, 사람이 시라지기 전에, 이 낙화하는 꽃비를 진정으로 깊이 사랑하는 이에게 전해 주고 싶어한다.

낙화하는 꽃비도 아름답지만, 그걸 연인에게 전해 주고 싶어하는 시적 화자의 마음도 아름답다. 그 아름다운 정서를 주고받는 세상, 시가 통하는 세상, 시심을 서로 선물하는 세상이 아마도 진정한 민주주의 국가가 아닐까. 그런 생각을 하게 하는 시이다.

막혔던 가슴속
시원히 열어 주는 너

유채꽃 만개한 풍경화
그려 둔 채

노랑 물감
온 들판에 뿌려 놓는 너

푸른 파도가 넘실넘실
노랑 꽃 푸른 물 잘 어우러지는 그곳

하루도 쉬지 않고 낮밤 없이

처얼썩 처얼썩
바닥을 씻어내는 너

모든 만물이 잠들어도
너만은 쉬지 않고 되새김질하며
하얀 포말 토해낸다

내 마음에도
파란 파도처럼 한 번 씻어 준다면
얼마나 깨끗할까

속이 훤히 다
보일 거야

얼굴만 화장하지 말고
머리도 치장한다면
맑은 정신으로 정직하게 살아갈 테지.

- [파도] 전문

이 시에서의 시적 화자는 파도를 친구처럼 마주하고 있다.

파도는 막혔던 가슴속을 시원히 열어 주니 좋다. 유채꽃 만개한 풍경화 그려놓고 거기에 노랑 물감 뿌리는 파도, 그

파도는 노랑 꽃 푸른 물이 잘 어우러져 조화를 이루고 있다. 하루도 쉬지 않고 밤낮으로 철썩 철썩 바다을 씻어내는 파도가 오늘따라 멋져 보인다. 모든 만물이 잠든 시간, 혼자서 되새김질하며 하얀 포말을 토해내는 것도 멋스럽다.

시적 화자도 파도를 닮아 마음을 씻어내고 싶다. 얼굴만 화장하지 않고 머리도 치장하고 맑은 정신으로 마음속을 채워 정직하게 살아가고 싶다. 이 소원은 곧바로 시적 화자를 거쳐 시인에게로 향한다. 그 뜻하는 바대로 정직한 삶, 맑은 정신이 시적 화자의 일상과 습관이 되리라 믿는다.

세상은
코로나19로 요지경 속인데
너는 아무 걱정이 없구나

색깔 고운 단풍과 푸른 하늘
참 조화롭고
하늘엔 흰구름 뭉게구름 새털구름
잘도 어울리는구나

산새들도
즐거이 노래 부르고
숲속에서는
해맑은 웃음소리가

들려 오는구나.

- [가을·2] 전문

이 시에서의 시적 화자는 가을의 속성을 나열하면서 그렇지 못하는 시적 화자와 세상을 은근히 꾸짖고 있다.

세상은 코로라로 인하여 요지경 속이 되었다. 그런데도, 가을은 색깔 고운 단풍과 푸른 하늘을 품고 있다. 단풍과 하늘은 조화롭다. 흰구름, 뭉게구름, 새털구름 등도 조화롭다. 즐거이 노래 부르는 산새도 숲속 해맑은 웃음소리도 함께 어울린다.

자연이 그렇듯, 인간 세상도 제발 그랬으면 좋겠다. 코로나 시국이 떠난 뒤에, 제발 세상만물이 서로 조화를 이루며 어우러져 걱정 없이 행복하게 웃음소리랑 함께 오순도순 살아갔으면 좋겠다.

햇빛 향해 따라나선
초행길

벽에서 벽으로 이어진
끝없는 길

넝쿨손이
오르고 또 오르다

도달해야 할 길은
멀고도 험하다

까맣게 말려 버린 채
눈물마저 마르는데

여전히
가야 할 길은 힘들다

미끄러운 벽에서 쓰러지면
목적지는 자꾸 더 멀어져만 간다

새벽이 찾아와
눈뜨는 촉수

어떤 때는
줄기 잡고 벽 오르고

느릿느릿
쉼 없이 움직이는 발목
아무런 감각도 느낌도 없이

무의식이 이끄는 대로
허공 타는 순간
목적지는 늘 마음속에 있다.

- [스킨답서스] 전문

이 시에서의 시적 화자는 스킨답서스를 관찰하고 있다.

햇빛 따라나선 초행길, 벽을 타고 끝없는 길을 나아간다. 넝쿨손의 도움 받아 오르고 또 오른다. 앞을 바라보니, 더 가야 할 길이 멀고도 험하다. 때론 눈물마저 마를지라도 가야 할 길을 가야 한다. 아무리 힘들고 미끄러운 벽에서 쓰러질지라도, 목적지가 더 멀어져 간다 할지라도, 넝쿨은 찾아온 새벽과 함께 촉수로 눈뜨고서 그 길을 가야 한다. 어떤 때는 줄기 잡고 벽을 타고 오르기도 한다. 느리지만 쉼 없이 발목 움직이며 나아간다. 비록 아무런 감각도 느낌도 받지 못했지만, 무의식이 이끄는 대로 나아간다. 허공 타는 순간에도 목적지는 늘 마음속에 간직한 채 나아간다.

강렬한 긍정의 힘이 시 속에 자리하고 있어서, 더욱 위로가 되고 있다. 인생이 성공하려면, 이 스킨답서스의 방향성, 노력, 의지 등을 배워야만 할 것 같다.

파도가 춤추듯 출렁거린다
서로를 의지하며 장단 맞춰 흔들흔들

서슬 퍼런 서릿발에
온몸이 휘어지고
쉬쉬 쉐쉐 파도 되어
밀려왔다 밀려간다

언제나처럼 밤새도록 휘감겨도
지친 기색 하나 없이
깊게 품었다 내보내는 일상

발두렁 모퉁이서
미소 짓고 서서
하염없이 바라보고 있다

함께 어울려 보자고 어깨동무하며
들판까지 품고 있다
어릴 때 발두렁 논두렁 달리던
그 시절이 새삼스레 그립다.

- [청보리밭] 전문

이 시에서의 시적 화자는 밭두렁 모퉁이에 서서 청보리밭을 바라보고 있다. 파도가 춤추듯 출렁거리는 청보리밭, 서슬 퍼런 서릿발에 짓밟혀 온몸이 휘어지고 파도 되어 밀려왔다 밀려가면서도, 지친 기색 없이 깊게 품었다가 떠나보내는 일상, 그것마저도 사랑스러워 밭두렁 모퉁이에 서서 엷은 미소를 짓고 있다.

품이 넉넉해 바라보는 관조의 프리즘이 마음을 훈훈하게 한다. 이후 절대로 서두르지 않고 조급해 하지 않고 슬퍼하지 않고, 세상을 넉넉히 품어 주며 살아갈 것 같은 예감이 든다.

위에서 살펴본 것처럼, 강덕순 시인의 시 속에는 강직한 시인의 의지와 섬김 정신과 관조적인 시야와 해석이 곳곳에 잘 스며들어 있다.

시는 무엇보다도 묘사와 시적 형상화가 선행되어야 한다. 그렇지 않고 서술에만 머무른다면, 시로 잉태하지 못하고 산문의 길을 가고 말 것이기 때문이다. 거기에 이미지 구현이 함께 손잡게 되면, 시의 맛과 특질이 한층 멋스럽게 된다.

감각적 이미지도 시각, 촉각, 후각, 미각, 청각, 근육감각, 기관감각, 공감각 등이 서로 도와주고 조화를 이루게 되어, 시만의 독특한 향취를 느끼도록 해준다. 나아가 사회와 일상 속에 박혀 있거나 질펀히 널브러져 있는 시대적 아픔을 어루만져 주고 날카롭게 지적하여, 더 한층 성숙한 사회로 나아가는 밑돌이 되어 주는 시 창작은 그야말로 싱그럽고 향긋한 작업이 아닐 수 없다.

강덕순 시인은 어느새 이러한 시의 표현 기법을 아주 자연스럽게 활용하여, 시의 특질을 한층 강화하고 있음을 확인

할 수 있어, 행복하다.

앞으로, 제2, 제3시집, 그리고 시조집과 디카시집을 향해 나아갈 때도, 여전히 시의 특질을 갖추는 시의 표현 기법, 이미지 구현, 리듬의 조화, 치열한 현실 인식 등을 고루 갖추어 독자들의 시선과 마음을 사로잡게 될 것으로 믿어 의심치 않는다. 부디 건투를 빈다.

— 찬기운이 새벽마다 찾아와 조잘대는 초가을 뜨락에서

한실문예창작 지도 교수 박덕은

(문학박사, 전전남대학교 교수, 문학평론가, 시인, 동화작가, 소설가, 시인)

작가의 말

특별하게 하는 것도 없으면서 바쁘게 살다 보니 세월만 훌쩍 가버렸다.

우연한 기회에 광주 서구에 있는 상록도서관으로 일주일에 한 번씩 봉사를 나갔다.

도서관에서 진행하고 있는 프로그램을 살펴보았다.

일주일에 한 번씩 글쓰기 하는 프로그램이 있었다.

호기심이 생겨 일단 한번 접수해서 다녀 보았다.

평소 글쓰기에 관심이 없었던 터라 적응하기가 어려웠다.

다닐까 말까 많이 망설였다.

첫발을 들여놓았으니 다니는 데까지 다녀보자고 방향을 잡았다.

하지만 다른 취미 활동과 겹쳐 결석하는 날이 많아졌다.

그럭저럭 일 년이 가고 이 년이 훌쩍 가버렸다.

안되겠다 싶어 주변을 정리하기 시작했다.

작년부터 문학 수업에 집중했다.

내 마음을 표현하기 위해 시를 쓰기 시작했다.

한 편의 시가 완성되면 문학 통장에 저축하는 기분이 들어 행복했다.

목적이나 대가를 바라고 쓰는 것이 아니라 내 자신이 즐거워서 글을 썼다.

시를 사랑하는 마음은 내 삶의 큰 축복이다.

남은 여생도 시를 쓰면서 보내고 싶다.

기왕 문학을 시작했으니 시집 한 권은 꼭 출간하고 싶었다.

그렇게 열심히 살다 보니 어느덧 칠순이 되었다.

내 나이가 아닌 것 같은데 그리 되었다.

자식들이 고희 기념으로 여행을 보내준다고 했다.

나는 여행보다는 시집을 내고 싶다고 했다.

나의 뜻을 받아준 자식들이 고맙다.

묵묵히 힘이 되어준 가족들에게 고마움 한아름 전하고 싶다.

시집이 나오기까지 지도해 준 박덕은 문학박사님께 감사드립니다.

곁에서 격려해 준 한실문예창작 문우님들 덕분에 시집을 낼 수 있는 용기가 생겼습니다.

꽃스런 문학회 문우들에게도 고마움을 전합니다.

모두 모두 고맙고 감사합니다.

— 강덕순

祝詩

시인 강덕순

박덕은

태초부터
큰 호수가
가슴팍에서 자랐다

선머슴처럼
선 굵게
성장하였다

활달한 종달새처럼
지지배배
하늘을 날아다녔다

긴긴 에움길 지나
시심 만나
선비의 붓질을 시작했다

매번 고개 들어

먼 산 바라보지만
다시 시향에 젖곤 했다

섬김의 언덕에서
하루 해를 씻고
구르기도 했지만

뭐든 탐구하고
배워 일어서는 발걸음도
게을리하지 않았다

이제 텃밭에 뿌린 열매
거두며 사는 싱그러움
토방 마루에서 만날 시간

벌써부터
호탕한 웃음소리가
골목 골목을 뻗어 나가고 있다.

차 례

3장 — 계절의 길목

4장 — 청보리밭

제1장

어떤 기다림

설렘

친구들과
놀러 가려고 날 잡았을 때

그날 저녁은
무얼 그리 챙겼는지

가지고 가도
입지도 않을 옷
왜 그리 큰 가방에
가득가득 채워 갔는지

잠도 안 오고
그렇게 오지고
재미있을 수 없었지

길 가다가
음악 소리만 들려도
발걸음 멈추고 귀기울였지

서너 명만 모여도 춤추고
잘하지도 못하면서
노래 같이 불렀지

지금은
그런 마음 떨리는 일도 없고
무덤덤하다

모든 게 느슨해져 있다
끈을 다시 바짝 당겨야겠다

다시 설레고 뛰는 가슴을
사랑해야겠다.

그날

하루의 중심
점심 후 나른한 시간
한 잔의 커피가 노크를 한다

그냥 가도 되나요
그건 아니지
마시고 싶은 생각에
잊지 못할 그 맛

그날의 지루함
피곤함 한꺼번에 사라져
쌉쌀하고 달콤한 그 맛

못 잊어
마시고 또 마신다
무더위에 냉커피 한 잔의 행복
참 좋다.

작은 바램

내가 만들어 가는 이 세상
근심 걱정 담으면
너무 무거워 일어설 수 없게 되고
버릴 것 버리는 순간 천상일세

빌려 쓰고 나눠 쓰고
깃털처럼 가볍게 살다가
호출하면 가는 거지

욕심도
명예도
사랑도
잠시 잠깐 즐기는 것뿐

뜬구름 같은 세월
그 사람 괜찮았다고
다시 한 번 보고 싶다고
뒤끝이 깨끗한 인간으로
여생을 행복하게 살고 싶다.

악수

서로가 마음 깊이
속앓이하며 숨겨온 지
어언 칠십 년 세월

꽃망울 터지듯
다 터뜨려 버리자
미움 원망 다 버리고
두 손 합장하며

남과 북
한반도 품어 안고
활짝 꽃피워 보자

백두에서 한라까지
푸른 물 상상만 하여도
마음은 벌써 대동강가에 서 있다

푸르게 푸르게

찬란한 사랑의 빛
우리 함께 만들자

하늘 나는 새들도
저리 즐거워 노래하니
보도 다리 다시 만나
화해의 꽃 피우자

통일꽃 평화꽃
활짝 피우는 날
다 함께 노래하며 춤추자.

시골집에서

고향 산천 기산봉 영수정
맑은 물이 굽이굽이
유유히 흐르는 냇가

물장구치고 멱도 감았던 곳
농사철이면
온 들판 다 적셔 주었던
엄마의 젖줄기 같았던 곳

동네마다 골목길 울타리에
예쁜 호박등이 대롱대롱
어두운 길 밝혀 주던 곳

텃밭에는 키다리 옥수수가
반갑게 손짓해 주면서
오가는 사람과 말 걸던 곳

고추도 한주먹 따 가라고

인심도 후하고 맛도 좋았던 곳

우물가에 모여서 야채 씻을 때도
들깻잎 한 줌 얻어다 쌈싸 먹었던 곳

그때 그 맛
지금도 잊을 수 없다

우리라는 단어
이제는 그 어디에서도 찾을 곳이 없다

각자 따로따로이니
옛날 그 시절이 그립다
그 시절로 돌아갈 수는 없는 걸까

옛정이 그립다
옛날이 생각나는 시간
추억에 흠뻑 취해 보고 싶다.

남명 정신

선비 정신과 민본이 잠재되어 있건만
혼란한 세상 숨어 사신 분

본연 벼슬 버리고 재야에 머물면서
정신적 지조를 고집하고
후학을 유교 사상으로 올바르게 키워 가던 분

평생 벼슬 마다하고
유학의 실천론 강조하며
대쪽 같은 성품으로 오로지 민중 위해 살아가신 분

항상 선비의 고절한 기상과
근엄함과 순수함
강인한 품성과 기개로 살아가신 분

굳건한 실천적 교육 사상을 확립하고
맑은 정신 우뚝한 기상으로
국가의 안위와 민생의 아픔을 지적하고
한국의 추로지행 명예를 심어 준 분.

거울

따라쟁이
너는 왜 나만 따라하지?

먼저 말 걸지 않으면
절대로 먼저 말하지 않는 너

먼저 할 수도 있으련만
단 한 번도 하지 않는다

울면 따라서 울고
웃으면 따라서 웃긴 하지만

너의 속마음을
그 누구도 모른다

있는 대로만 보여 준다
정말 양파 같은 너.

노년

계절은 가을쯤
허전한 상태

많으면 많은 대로
없으면 없는 대로

더 누릴 욕심도
더 가질 욕심도
모두가 기우인데

욕심의 한계는
어디가 끝일까

가진 자는
더 못 가져서 안달이고

없는 자는 없는 대로
고민하며 살아간다

채워도 채울 수 없는 게
욕심인가 보다

비워도 비울 수 없는 게
마음인가 보다

깊어가는 가을
떨어지는 낙엽을
두 손으로 받아든다.

내 고향

함평 천지
산이 좋아 기산봉이냐
물이 좋아 영수정이냐

맑은 물 굽이굽이 흐르던 곳
모래사장 씨름판
난장 트고 놀던 곳

여름 물놀이
남녀노소 구분 없이 멱 감던 곳
비옥한 평야 푸른 들판
널리 널리 펼쳐져 있는 곳

함평 천지
맨 처음 나비 축제로
제일 유명했던 곳

그 자리에 친정 논

우리 논 친정 가족 논
모두 합하면 80마지기 논이
축제장으로 다 들어가 버린 곳

함평군 발전도 좋지만
속이 쓰리고
마음 아픈 곳

고향이 무어라고
함평이란 말만 들어도
가슴 설레고 기분 참 좋다

향수에 젖는 곳
지금은 가고 싶지도 않은 곳
시골집까지 없애 버려
남아 있는 건 선산뿐

산소의 매화는
주인이 없어도
잘 지내는지 궁금하다.

하루

아침에 눈뜨면 다가오는 하루
점심 먹고 저녁 먹으면
그 하루가 지나간다

소중한 하루지만
그 많은 세월이
하루 속에 다 지나가고
또 하루가 다가온다

한순간에 가 버린
하루 하루가
한심스럽기만 하다

날마다 하루다
가는 날이 하루인지
오는 날이 하루인지
구분이 잘 안 된다

오늘 하루밖에 없다
하루가 언제 갔는지
생각도 안 난다

눈 깜짝할 사이
조금 지난 것 같은데 하면
벌써 몇 년이 지나 버리고

엊그제 시집온 것 같은데 하면
얼굴엔 금세
거미줄 그려져 있다

머리는
하얀 서리가 함께 살자고 찾아와서
되돌아갈 기미조차 안 보인다

바람같은 세월 속에
피할 수 없는 운명
한 조각 구름처럼
후회 없이 살 수는 없을까

느려도

빨라도
세상은 말이 없다

서두르지도 말고
재촉도 말고
천천히 가면서
즐길 것 즐기고
갈 길 가자

어차피
길은 달라도
종착역은 한 곳뿐이니까.

필수 코스

걸어온 길 알 수 없듯
걸어갈 길도 알 수 없다

살아온 동안
어떤 사랑을 했을까

살아갈 삶은 또
어떤 사랑을 할까

잊고 싶지 않은 순간들
잊고 싶은 순간들

이 모든 추억들이
겹겹이 쌓일수록
행복한 자산가

생생한 인생이란
시련과 역경을 이겨냈을 때
보물의 가치를 가질 수 있으니까.

내 것이니까

내 발길 닿는 곳 내 것
가는 곳마다 모두 내 것
자연풍경은 죄다 내 것
호수와 바다 공원도 내 것

나는 부자다 나는 행복하다
이렇게 주문 외치다
춘풍 불어오면
벌나비 친구 되어
산천 구경하며
햇볕 쨍쨍 무더위엔
정자 그늘에 앉아
친구 불러 커피 한 잔 음미하며
향수에 취해 본다

가을 낙엽이 살짝 곁눈질하면
그대 품에 살포시 안겨
사랑한다 말하련다

하얀 함박눈 내리면
따스한 마음으로
모든 걸 사랑한다고 고백하며
온 세상을 포근한 마음으로 품어 안으리
천지 산천이 모두 내 것이니까.

김

겨울 바다의
검은 보석 불로초

조수간만의 차가 적고
천천히 자란 것이 일품

사계절 아삭 바삭한 맛
얼마나 맛있기에
임금님 진상품이 되었을까

살짝만 구우려 했는데
부엌 아궁이 잿불에 굽다가
그만 확 불이 붙어 순식간에 타 버려
엄마한테 혼났던 기억

아껴 먹으려고
자잘하게 짤라 먹었던 유년시절
건강의 파수꾼,
바다의 왕.

고구마

모양새가 별로야
몸매도 그저 그래

여름 가뭄에는 귀찮다고
짜증 많이 냈지

가을 수확 때는
무겁다고 결눈질하더니

겨울 함박눈 내링께
그제서야
귀한 대접 받는당께

날 무시할 때는 언제고
쪄도 좋고 구우면 더 좋아

인기 탑 찍어 부렀어
나 같은 간식 어디 있으면
나와 봐.

어떤 기다림

마음 조여 놓고
시간을 정하지나
말 것이지

조금 있다 간다
금방 간다
똑같은 시간인데

기다리는 시간은
왜 그리
길게만 느껴지는 걸까

눈길만 스쳐도
지나가는 모습만 봐도
문만 움직여도
자꾸만 쳐다봐진다

더 기다릴 건가

가버릴 건가
두 마음이 씨름하고 있다

그래
기다린 김에
조금만 더 기다려 보자

바로 그때
문이 드르륵 열리고
미소가 미안해하며 안긴다

이럴 때
무슨 말을 하겠어
그만 웃고 말았지.

고향

아침에 동이 트면 오늘이 시작된다
온마을 뒤흔들던 아이들 집집마다
마을에 그 웃음소리 들어본 지 오래다

해질녘 어스름한 골목길 동네 꼬마
엄마의 부른 소리 이제는 돌아가서
오늘을 마무리하고 내일 일을 꾸미자

우리의 희망 가득 보배야 씩씩하게
잘 자라 우리나라 빛내자 우리의 꿈
너희가 장래 큰 기둥 주춧돌로 서거라.

잊혀진 세월

순박한 선인들의 은밀한 사랑 타령
두둥실 밝은 달밤 하늘을 쳐다보며
그 시절 어울렸던 곳 메밀꽃은 추억밭

떠나간 그분들의 못다 한 그 꿈들을
우리가 이어받아 다듬고 가꾸어서
그토록 짧았던 세월 승화하자 그리움

한밤중 몰래몰래 숨어서 오솔길로
달밤에 사랑 펼친 순애보 붉은 연가
추억의 물레방앗간 물소리만 처량타.

집

주인을 잘 만나야 빛이 나 너도 그래
사람이 결정 되면 정한 게 등급이야
모두가 노력한다지 사람 대접 받고자

아무리 잘났어도 값어치 없어지면
사람이 인간 대접 받으며 살기 위해
날마다 긴장 속에서 관리해야 한다네

마음이 편해야지 안정감 따라오지
그 마음 편한 곳이 나 쉴 곳 아니겠나
모든 게 부럽지 않아 맘 맞으면 최고지.

다리

오늘도 매일 매일 어딘지 모르면서
하루도 빠짐없이 발길들 가는 대로
날마다 언제나처럼 떠받치고 서 있다

묻지도 따지지도 않고서 앞장선다
그 누구 말씀에도 귀담아 듣지 않고
언제고 저 혼자만이 부진히 뛰논다

동으로 가 볼까나 서쪽에 떠나 볼까
선선히 떨어지는 걸음은 혼자인데
보는 자 수천만 명이 뒤따라 거닌다.

5.18 기념 공원

두려움 없이
민주주의 실천하다
꺾어진 꽃봉오리

피우지도 못한
그 꽃봉오리들이
나뒹굴고 있구나

그 누가
이 꽃들을 꺾어 버렸나
왜 무엇 때문에
저리고 시린 마음
그 누군들
느끼지 못했을까

생각하면 할수록
쓰리고 아린 가슴

이름 불러 보아도

대답 없는 그대여

영원히 잊지 못할
도저히 잊을 수 없는
꽃봉오리들아

우리 다음 생에 만나
꽃잎과 나비 되어
훨훨 날길 바란다.

한민족통일

평화의 길 70여 년 동안
어느 누구도 보여 주지 않았던
강원도 철원 DMZ 평화의 길

2019년도 6월 마침내
그 모습을 보여 주었다
철책선 안에서
군인들이 경계 근무 서는
비상주초소 개방된 건
철원이 최초

순간 총알이 머리 위로
날아오는 착각도 상상해 보았다
생생한 전투 흔적
느껴볼 수 있는 길
아름다움과 소중함을 깨닫는다

보이는 건 한가한 들판
왜가리는 유유히 드나드는데

우리는 왜 못 가는가

쓸쓸한 마음 뒤로하고
돌아오는 길
발걸음이 무겁다.

물

모양이 없다
불평도 없다
스며들고 흘러나오고
낮은 자세로 밀려간다
있는 듯 없는 듯.

제2장

매화의 마음

이팝나무

오월 이때쯤이면
가는 곳마다
인심이 넘쳐 흐른다

흰 쌀밥
저리 많이
차려 두었는지

주먹밥 지어 송이송이
마음대로 배불리
서로 나누며

사랑도
풍년 들게
빌고 또 빈다.

능소화·1

한많은 사연 가슴에 묻고
달밤이면 그림자라도
행여 발자국 소리라도
오매불망 가슴 태운다

주황빛 사연에 슬픔 묻고
소리 없이 웃는 저 모습
기품 있는 도도한 자태
시들지도 못하고 툭 떨어져 내린다

송이 송이마다 눈물 담아
고살 어귀에 주렁주렁 매달고서
두 귀 쫑긋 세워 기린목 되었다.

능소화·2

소리로 말할까
빛으로 말할까

굽이굽이 고개 넘어
바라만 볼 수 있다 해도
행복이니까

생각만 해도
즐거운 이 마음

못 보고 만나지 못해도
마음만은 더욱 간절해

누가
내 말 좀 들어 주렴

나팔 불고 싶어도
알아줄 사람 없어 안타까워

세월이 가고 또 가도
마음은 허전하기만 하다

언제라도 만나리라는
기대 속에 지나온 세상

세월에 속고 살면서도
꿈꾸며 살아가는 너

언젠가는
만날 수 있겠지.

복숭아

연분홍 치마가 아닌
두 연꽃 봉오리

언니 동생인가
예쁜 것도 비슷하다

귀엽게 피어난 꽃봉오리
본 사람은 다 탐낸다

색깔로 유혹하고
맛으로 폼잰다

새콤달콤
입에서는 벌써 침 내보낸다

아사삭 아사삭
베어먹는 소리까지도 앙증맞다

붉은 미소 붉은 얼굴
속 피부는 더욱더 뽀얗다.

연꽃

청순한 당신은
아름답다

욕심 없어
더 밝은 얼굴일까

너를 보는 순간만큼은
진실한 사랑 은은한 그 빛깔

언제나 촉촉이 젖어 있는
저 눈빛에

유혹의 손길이 다가와도
마음만은 청결하다

도도한 자태
빠져들게 만드는 비법은 뭘까

향기 날아와 온누리 가득
자비 베풀며 웃음 되게 하리.

석류

봄 여름 지켜보다가
그 뜨거운 여름을
조금씩 조금씩 저축해 두었다가
발산하는가 보다

영롱한 보석을
어쩜 그렇게 조화롭게
잘 맞추었는지
신비롭기만 하다

비바람 세게 불어도
바람과 같이
더 이상 참을 수가 없어
안에서 그만 터져 버렸나 보다.

홍매화

얼마나 기다림에 목말라 지쳐
저리 멍이 들었나

버티고 비벼 온 세월
끝끝내 감추지 못한 채

애달프게 바라보며 살아온
겹겹 쌓인 연정

설레는 봄바람일까
순간 마음 넘어가 버렸다

너무나 보고 싶어
목이 타는 건지 가슴이 타는건지

기쁨도 행복도 오직 하나
그리움과 함께하는 이 마음.

제비꽃

마음을 심었다
싹 틔우려고

매일 매일
물도 주고 사랑도 주었다

어떤 날은
낮은 자세로 엎드려 보았다

줄기차게 관심 주었더니
드디어 얼굴 내밀기 시작했다

발밑을 보면서 걸어야
잘 볼 수 있다

곧게 서서 보면
잘 보이지 않는다

티나지 않게 조용 조용
개미와도 친하게 잘 지내야 보인다

꽃이 있는 곳은
언제나 개미들의 천국이다

꽃과 개미
벌과 나비
바다와 파도
함께 살고 있는 이곳이
나의 천국이다

이런 곳에 시심 심고
날마다 시 써서
널리 널리 퍼뜨리고 싶다.

할미꽃

젊음이 따로 없다
땅속에서 나올 때부터
그 누가 알겠나

어려서부터
부담스럽긴 했지
온몸에 하얀 털옷 때문에
고개 숙인 모양새가
마치 교양 있는 집안 따님 같았다

세월 지나다 보면
어머니가 할머니로
위치가 바뀔 테니
기다리지 않아도 자동 갱신

반갑게 즐거운 마음으로 받아들이자
나이 들면 좋은 점도 있지
자하철 경로석 우대

모든 시설에도 경로 무료
어떨 때는 참 미안하기도 해.

두견새

앞동산에서 놀다가
뒷동산 건너가 노래하는
소쩍새야

너의 목소리 들은 지
참으로 오래간만이다

세상은 코로나로
힘들고 지쳐 있어도
한가롭게 노래하는 네가
부럽구나

마음대로 만나지도 못한 친구들
기약 없는 만남을 기대하면서
안부를 묻는다

저 예쁜 꽃들은
우리 곁을 지나치고 있구나
내년을 바라보면서.

달맞이꽃

기다림의 요정
웃는 것도 우는 것도
자기 몫

뿌리 잎 열매까지
버릴 게 하나도 없다

밤 활동하는 곤충들의 매개체
낮은 부끄러워 밤에만 핀다

낮에는 사람들의 친구 되고
밤에는 나만의 친구 된다

예쁜 옷은 밤에만 입는다
샛노란 옷 갈아입고서
활짝 웃는 모습

웃다 보면
좋은 일만 생길 거야.

낙화

떨어지는 너
누구 탓이겠는가

햇빛 구름 바람
탓일까

떨어지고 싶어서
떨어지겠는가

마음대로 할 수 없겠지
살아 보니 그러더라

너무 쥐어 짜지도
너무 풀지도 못해도
세월이 해결해 주더라

세상만사가
다 같은 이치 아닐까

마음대로 할 수 있다면
그 또한 재미 없을 거야.

산수유

지리산 황금 왕관꽃
만개한 날
각처에서 강물 모여 바다 되었다

나름 멋지게 차려입고
싱글벙글
즐거운 마음으로 눈인사
활짝 핀 꽃 배경 삼아 찰칵찰칵

해마다
구경 오는 곳이지만
올 때마다 다른 느낌

그간 못 보던 얼굴
서로서로 아쉬운 마음
보고 있어도 또 보고 싶어라.

목련

순백의 백목련은
봄꽃의 제일이다
고고한 그 모습에
마음을 빼앗긴다
한 철만 볼 수 있어
너무나 안타까워.

매화·1

꽃향기 가득 가득
온 세상 휘날리며
봄바람 상춘객들
정신을 못 차린다
어여쁜 꽃과 향기
미로가 시작된다.

매화·2

한겨울 엄동설한 속 깊이 품은 향기
천리고 수만리고 온 세상 품어 안고
설한에 안기었던 향 춘설에 내뿜는다.

매화·3

설경 속에서 피워낸
강인한
저 향기

모든 것들은 다 죽었는데
끝까지 견디어낸
저 끈기

정신력으로
한겨울 꿋꿋이 버텨낸
저 의지

꽃샘추위 닥쳐와도
태연히 웃고 있는
저 의연함

바람의 입김으로
멀리 멀리 퍼져 나가는
저 향긋함.

매화·4

뜨겁고 아찔하게
설경 속에서 피워낸
강인한 저 향기

검은 만장 펄럭거리며
모든 것들은 다 죽었는데
끝까지 견디어낸 저 끈기

서슬 퍼런 정신력으로
한겨울 꿋꿋이 버텨낸 저 의지

포박당한 세월의 급물살처럼
꽃샘추위 닥쳐와도
태연히 웃고 있는 저 의연함

바람의 입김으로
멀리멀리 퍼져 나가는 저 향긋함.

개나리

언덕배기 살고파
실가지 늘어뜨린다

눈앞에 꽃샘바람
온몸을 흔들어도

고개를 밀어 올려
희망종 주렁주렁

담벽에 매다니
보는 눈길 환하다.

인동초

햇살 고운 언덕 위에
순백의 꽃으로 피었다가
정분나면 노란 옷으로
위장을 한다

넝쿨 넝쿨
하늘 높은 줄 모르고
차근차근 넓혀 간다

한설이 오는 때에도
끈질긴 인고의 세월
양보를 모르는 당신

이 앙당 물고 버텨
새날과 새봄
맞이하여 꽃 피운다.

들풀

어찌 보면
천대받는 잡초보다도 못한 삶
하찮은 풀도 봄이 되면
나 여기 살아 있다고
존재감 보인다.

잡초

없애려고 없애려고
애를 써 봐도
마치
잡으려면 잡아 봐
놀리는 것 같아

나는
어떻게든 살아낼 거야
밟으면 밟을수록
고개 꼿꼿이 들고 쳐다볼 거야

어우러져 살아야지
혼자서는 살 수 없잖아
아무리 예뻐도
넌 잡초잖아.

영춘화

겨울 지나면
제일 먼저 나오기에
너를 기다린단다

눈에 띄지도 않은 작은 꽃
빨리 피기에
너무나 귀엽고 예쁘다

희망이라는 꽃말도 고와
너를 보면
기분이 환해진다

오밀 조밀 앙증맞은 꽃
마디마디 주렁주렁
달려 있는 작은 등불

수양버들처럼
축 늘어져

활짝 웃어 주는 꽃

너는
피어나는
새봄이다.

봄까치꽃

언덕배기 매화밭에
꽃은 시들어졌는데
이름 개명한 너

산수유 얼굴 단장하고
개나리종 울리며
봄마중 나들이
앞다투며 줄줄이 나선다

벚꽃도 같이 가잔다
찬란한 봄꽃들의 잔치
준비하느라 부산하다

발길 옮기는 곳마다
아무리 힘들어도
꽃 피우려는 새 생명들

그 추운 겨울을

밀어내는 인내심
고개가 절로 숙여진다

오는 봄을 어느 누가
막을 수 있을까
상큼한 봄의 향기처럼.

복수초·1

봄 사랑꾼
짙은 노랑 꽃잎 되어
제일 먼저 온다

대지의 문을
열어놨기에
저리 애절할까

폭풍한설에
당당히 피워낸
너의 집념
너의 큰 뜻
너의 의지.

복수초·2

금잔에 축배를 들자
마시고 즐기며 합배하자
그 누구보다도
빨리 만나고 싶어
엄동설한 폭풍한설 몰아칠 때
어느 누구도 나서지 못할 때
맨 먼저 앞장서서
잘 살라고 축배를 든다.

복수초·3

설한에 빗장 걸어 잠긴 문 두드린다
선잠에 눈떠 보니 창문에 기대 있네
봄 마중 소곤소곤 님 마중 두근두근.

들꽃

미소 보내며 가까이
눈앞에서 웃는 모습

누가 봐 주지 않아도
들풀 속에 풀벌레들의 노랫소리
화음이 천상의 멜로디로 울려 퍼진다

화려하게 꾸미지 않아도
예쁜 마음 가진 여인처럼
들꽃 중 들판에 만발한 구절초

누구나 좋아하는 꽃
꽃 필 때 송이송이 사연이 있겠지.

버들치

밖은 아직 추운데
지금 나갈 거야
나는 나가고 싶어
다른 사람도 나가고 있던데 뭘
난 털모자 쓰고 나가면 되잖아

조금 더 있으면
따스한 기온이 될 건데
다 때가 있는 거라고

왜 그리
듣기 싫은 잔소리로만 생각했을까
지금 생각해 보면 다 맞는 말이었는데

어르신 말씀 잘 들으면
좋은 일이 생긴단다
해도 소용 없었지

한 겹 한 겹 벗겨 보면
버릴 게 하나도 없는
어르신 말씀

자랄 때 먹었던 이런 자양분이
자연스레 흡수되어
욕먹지 않는 인간 되어 살고 있나 보다.

동백꽃

진실한 사랑
그 누구보다도
당신을 사랑합니다

흔들림 없이
오직 한길 씨눈을 아껴
봄바람에 꽃망울 터뜨린
생명의 환희

유혹의 손길 뿌리치고
너만을 위해 당당하게
피워낸 붉은빛 나팔

자존감 때문일까
한꺼번에 깔끔하게
떨어진다

땅에 떨어져도 한몫한다는

꽃송이들 모으자,
있는 듯 없는 듯
문득 떠오르는 그대.

수선화

흔들어대는
가녀린 몸매
늘씬 날씬

도도한 저 자태
모든 이의 눈길
사로잡는다

금관 쓰고 금쟁반 위에서
은잔 들고
장단에 맞춰 미소로 답하는
너

바라만 보아도
마음이 이리 설레인데
너의 모습에
그 누가 반하지 않으리요

하늘하늘
바람에 나부끼는 널
꼭 안아 주고 싶다.

국화

절개의 상징
사군자

내면이 화려한
가을의 제왕

밤은 길어만 가고
낮은 짧아만 가고

하루하루가 다르게
싸늘하게 식어 간다

더 추위가 오기 전에
너의 향기를
마음 가득 담아 둬야지

봄 여름 가을 겨울이 와도
그 향기는

그대로일 거야

변함없는 너의 자존심
그 진한 향기에 취해
헤어나오질 못하는 건
벌나비뿐이랴.

배롱나무

백 일 동안
피고 지고 피고 지고
꽃도 예쁘고
생김새도 야시야시 잠자리 속날개
바람 불면 곧 나비 같이 날아갈 기세
이름도 백일홍 배롱나무

부끄럽지도 않은지
홀라당 간지럼나무
양반댁에서 자란 너
당당하게 서 있는 저 용기
자신은 깨끗해서 감출 게 없단다.

무화과

부끄러워서
꽃이 밖으로 못 나오고
안으로 안으로만 피었나

안에서
사랑을 읽었을까

그리움이 한 되어
가슴속 깊이 묻혔을까.

상사화

우리는
언제쯤 만날 수 있을까
서로가 엇갈린 운명
무엇이 바쁜지
서로 만날 수가 없다

꽃이 그리워하면 잎이 없고
잎이 그리워하면 꽃이 없다
서로가 서로를 배려하는 걸까

가슴만 태우는 이 지독한 운명
그리워서 그리워서
속울음만 태우고 있다

서로의 삶 위해
기도해 줘야지
그 누가 알아줄까
그리워도 보고파도

참고 견디는 수밖에

세상사 모든 게
뜻대로 맘대로 되는 게 없지
너는 나를 나는 너를
그리워하며
마냥 사는 거지 뭐.

억새

먼저 손 내밀어
환영하는 너

하얀 모자 쓰고
끝이 보이지 않는 그 길
바람에게 맡기고
흔들어대는 저 춤 솜씨

모든 잡념 다 날려 버리고
어느샌가 지울 수 없이 만발한 추억

가을을 물들이고
달빛 친구들 다 불러모아
하얀 눈꽃 내릴 때면
조심스럽게 안아 주며 토닥토닥

머리에 피어난 그리움은
시간이 갈수록
하얀 꽃만 가득.

천리향

날 두고 가면 십리도 못 간다더니
백리 이백리 천리 잘도 퍼져 나간다
떠나가는 향기는
뒤돌아보지 않고 흔적도 없다.

야화

밤에만 피어 모를 거야
누굴 유혹하려고 향기 보내는지
꽃은 볼품 없지만
향기만은 따를 자 없다
너의 향기 고이 간직하고 싶다.

단풍꽃

숲의 이마부터
가을의 발뒤꿈치까지
저 예쁜 색칠을
누가 했을까

붉게 덧칠하며 남하하는
솜씨와 맵씨가
어찌 저리 고울까

곱디고운 색깔은
단풍꽃이라 부른다

나 같은 사람은
그냥 단풍이다

치열한 격전지,
그 모진 비바람
꿋꿋이 참고 견뎌내야
진짜 단풍꽃이 된다.

벚꽃

운천 저수지 둘레길 따라
아름드리 벚꽃나무 서 있는 길

봉실봉실 피어 있는 벚꽃의 꽃말 절세미인
혼자 오지 말고 가족 친구 연인 환영
운천 저수지로 벚꽃 구경 나오세요

일 년 동안 공들여 피웠는데 지는 건 한순간
비바람 일면 너무나 쉽게 끝나 버려 아쉽고 속상해요
도심 한가운데 만발하는 이런 벚꽃 그 어디에 있나요

몸도 맘도 발걸음도 가볍게 나와 보세요
꽃송이는 방실방실 한동안 팝콘 행사 절정이에요
봄바람이 살랑살랑 마음속도 살랑살랑
눈도 환호성 외치며 와, 봄이다 봄
바람 바람 바람 꽃바람
마음껏 누리며 즐기고 있어요.

제3장

계절의 길목

소나기

호랑이 장가가는 날
한더위 붉게 달궈진 하늘
갑자기 캄캄해지더니
피할 새도 없이
싸아싸아 내리꽂는다.

청명

좋은 일만 가득한
봄날이었으면,
봄비는 천하일색
양귀비처럼 내리고 있다.

꽃비

연분홍 벚꽃이
봄바람 타고 휘날리는 날

순수한 동심으로 돌아가
꽃잎을 두 손으로 받아

사랑하는 사람에게
뿌려 주고 싶다

꽃도 시간도 사랑도 사람도
사라지기 전에.

봄비

간밤에 내린 비가
온 천지 푸르게 푸르게
덮어 준다

새록새록 돋아나는 연둣빛
봄바람 타고
살랑살랑 움터 오는 소리
새순들의 기적 소리
물끄러미 느껴 본다

풀꽃 하품하는 소리
뭇 나뭇잎들 기지개 켜는 소리
새소리 풀벌레 소리 개구리 소리
바람 부는 소리 햇빛 반짝이는 소리
이파리들의 연주 소리

가슴에 피어나는 예쁜 소리들
매년 새로 피어난다.

봄향기

향긋함이
코끝 스치는 날

꽃잎에 향기 담아
바람의 문 열면

언제나 꽃향기처럼
가득차 아름다운
저 잔잔한 미소처럼

수줍은 향기 품고
속마음 가득가득
꽃바람에 담겨 있다

훈훈한 행복 담아
소중한 만남으로
가슴에 두고두고

끝없는 봄 색깔
속 깊은 마음의 정
향기로 품어 안는다.

가을·1

덥다 덥다고 할 때는 언제고
지금은 춥다 추워 한다
사방천지에 국화 바다
그 향기 취해
좀처럼 헤어 나오질 못한다.

가을·2

세상은
코로나19로 요지경 속인데
너는 아무 걱정이 없구나

색깔 고운 단풍과 푸른 하늘
참 조화롭고
하늘엔 흰구름 뭉게구름 새털구름
잘도 어울리는구나

산새들도
즐거이 노래 부르고
숲속에서는
해맑은 웃음소리가
들려 오는구나.

파도

막혔던 가슴속
시원히 열어 주는 너

유채꽃 만개한 풍경화
그려 둔 채

노랑 물감
온 들판에 뿌려 놓는 너

푸른 파도가 넘실넘실
노랑 꽃 푸른 물 잘 어우러지는 그곳

하루도 쉬지 않고 낮밤 없이
처얼썩 처얼썩
바닥을 씻어내는 너

모든 만물이 잠들어도
너만은 쉬지 않고 되새김질하며

하얀 포말 토해낸다

내 마음에도
파란 파도처럼 한 번 씻어 준다면
얼마나 깨끗할까

속이 훤히 다
보일 거야

얼굴만 화장하지 말고
머리도 치장한다면
맑은 정신으로 정직하게 살아갈 테지.

봄 소식

골짜기 흐르는
졸졸졸 물소리

새봄
새싹 깨우는 소리

바스락 바스락 잠꾸러기
곡식들 깨우는 소리

숨죽이고 있는 네 마음
살랑살랑 불어오는 소리

개구리
숨쉬는 소리

나무들
기지개 켜는 소리

들판에
곡식 자라는 소리

푸른 하늘
흰구름 떠가는 소리

총총총
별들의 흥겨운 잔치 소리

뻐꾸기
웃는 소리

강가에서 산모롱이에서
아지랑이 나울나울 피어오르는 소리.

이른 봄

겨울의 흔적 지우려고
먼지 털고 청소 빨래까지 한다

새 마음의 아지랑이
아롱아롱

사르르 녹아내린 물보라는
안개 속을 거닐고 있다

산모롱이 호수에
반영된 물그림자 너울너울 춤추고

아늑한 품으로
나무 하늘까지 안아 버린 사랑.

선물

세상 살아가는 동안
모든 게 행복

주는 사람 받는 사람
긴장과 기대감 또한
즐겁고 고맙다

자연에 대한 감사함
부모로부터 받은 재산
그 어디를 둘러보아도
고마움뿐

이웃을 만난 것도
가족과 친척
그 어떤 인연도
소홀하게 여겨서는 안 될
소중한 인연.

계절의 길목

뭣이 즐거웠니?
물었더니

봄부터 계속 재미나게
살았단다

산에서
노래 불러 주는 친구
나들이옷 챙겨 주는 친구
적당한 먹거리 공급해 주는 친구

함께
수다 좀 떨었더니
함께했던 세월이
눈 한 번 감았다 떴더니
저리 흔적도 없이 날아가 버렸단다

우듬지에서

내려다보았더니
낙엽 가는 길이 보이더란다.

봄인데

노크 소리에
살짝 문 열어 봤더니

꽃 친구들이
나들이 가잔다

배낭 하나 둘러메고
선뜻 따라나선다

이 답답한 겨울을
어떻게 보냈는지 끔찍하다

지난해는
생각도 하기 싫다

사람이 사는 건지
질병이 사는 건지

누구 명령을 따랐는지
일상이 완전 마비 상태였다

일상이 이렇게 중요한지
새삼 느꼈다

얼마를 더 지나야 할지는
아무도 모른다

앞으로는 전염병과 같이
동고동락해야 하지 않을까

과거는
지나서 더 아쉬운 걸까.

감과 모과처럼

필히 찬서리를 맞아야
눈부신 황금 색깔 내고
본연의 제맛을 내듯이
추워도 할 수 없다
당신을 위해서라면 기꺼이.

물안개

호숫가 거닐며 잠시 너를 보면
어린시절 굴뚝에 연기 나오듯
모락모락 피어오른다

깊어만 가는 가을날
쓸쓸함이 가슴 깊이 파고든다
곁에 머물러 떠날 줄 몰랐는데
그 사람은 흔적도 없이 가 버리고
추억만 남겨 두었다

그리움만 가득한 계절
아름다운 단풍이 있어서
함께했던 그 좋은 시절
잊을 수가 없다
오늘도 너를 그리며 걷는다.

가을 단상

길가에 코스모스 너울너울
바람에 몸 맡기고 춤추는 자태
고요 깨우는 귀또리 소리
정겹다

밤나무 밑의 다람쥐는
겨울 준비에 바쁘고
농부들은 가을걷이에 바쁘다

알밤 떨어지는 소리에
다람쥐 화들짝 달아나고

풍성함도 잠시
허전하고 아쉬움만 남는다

그 누가 와도
채울 수 없는 외로움
귓전에 맴돌고 있다.

함박눈

겨울인데 그냥 갈 수 없지
밤새 소복하게 쌓여 있다
더럽고 추한 것 다 덮어 버리면
깨끗한 세상 될 수 있을까
앞마당 복실이도 너무 신이 나
이리저리 뛰어다니고
그냥 내 마음도 덩달아 즐겁다
귀하고 소중한 눈
갈수록 보기 힘들지 않을까
걱정 앞선다
그 옛날의 겨울이 그립다
하얀 눈이 내리는 날
집안에 있는 건
눈에 대한 예의가 아니었던
그때가 몹시 그립다.

나들이

지루하고 답답한 마음에 짜증난다
마음대로 갈 수도 올 수도 없다
가도 눈치, 와도 눈치, 마음이 쓰인다
시골길 나들이가 시작되었다

화순에서 보성 쪽으로 달리고 또 달린다
길가 배롱나무 가로수
눈도 호강하고 마음도 즐거워
흥얼흥얼 콧노래가 절로 나온다
가로수 사이사이 무궁화도 심었다면 하는
아쉬운 생각이 든다

꽃도 보고 콧바람도 쏘이니
기분은 유쾌 상쾌 통쾌
한참을 보성 쪽으로 달린다

사람도 없고 한적한 시골길
매미 소리만 요란하다

황새 왜가리 휴식 취하고
들판에 곡식들 나폴나폴
춤추며 어서 오라 반겨 준다

보고 또 봐도 평화로운 시골길
어디를 가도 배롱나무 가로수길 인기 짱
조용한 커피숍에 들러 피로를 풀 겸
마신 한 잔의 커피맛 잊을 수가 없다.

석류

초록 복주머니로 태어나
한 달 두 달 살다 보니
황금 주머니로 익어간다

눈 살짝 감아주는 센스
너무 많은 생각 말아야지
여백이 있어야 더 재미있지 않을까

짱짱한 태양의 결실 명롱한 빛
마침내 빨갛게 채색된 진주

비바람 천둥 번개 밤이슬 합작품
너도나도 힘 모아

감추고 감추었던 추억의 노래
드디어 쏟아져 나왔다

서로가 즐거워
와르르 쏟아져 내린 사랑별들.

봄맞이

봄과 동행한 매화
그 춥고 지루한 겨울은
어느새 꼼지 내리고
어디론가 떠나 버렸다
내년에 보자고
손가락 고리 걸고서

가볍고 산뜻한 봄
벌나비 동반하여
너울 너울 춤추며
예쁜 얼굴 내밀어 동행했구나

먼저 피었다고 부러워 말고
금방 뒤따라 필 터인데
나도 한때는 봄이었지
물론 여름도 있었지
지금도 마음만은 이팔청춘.

사계절

연녹색일 때는
아직 많은 시간이
남아 있어서 좋고

진초록일 때는
산야를 녹음방초로
만들어 놓아 좋다

붉은 단풍일 때는
벌써 시간이 이렇게 지났나
성숙해지는 느낌이 좋다

하얀 눈일 때는
온갖 더러운 것
싹 덮어 주어서 좋다.

제4장

청보리밭

축령산

늘 푸른 상록수림대 울창한 숲 조성
독립운동가였던 춘원 임종국 선생
전국 최대 조림 성공지 산림욕의 최적지
향내음이 코끝을 자극한다

굽이굽이 하늘숲길로 이어지고
삼나무 편백 어우러져 햇볕 쨍쨍
심신을 맑게 하여 요양하기 적합한 곳

산에는 외로울 틈이 없다
언제나 차별 없이 안아 주고
산새들 반겨 주는 행복의 터
사계절 친구 서로 반기며
동심으로 돌아간다

더 머물고 싶다고
집에 가기 싫다고
생떼 부리고 싶다.

대숲

바람에 몸 의지하며
한들한들

어릴 적부터 비우고 자라서
버릴 것도 없다

더 바라지도 않는다
사계절 푸르른 모습

쉬쉬 사사삭 사사삭
화음 맞춰 노래 부른다

낮에는 햇볕 친구 되어
소곤소곤

밤에는 이슬 친구 되어
도란도란

서로 의지하며 돕고 살자고
함께 기도 드린다.

수락 폭포

하늘에서
은가루 쏟아지는 풍치

물맞이로 유명한 이곳
산동성 처녀들이 살던 곳

봄꽃의 전령사 산수유
현천 마을 화가들의 화려한 솜씨

물에 비치는 노랑꽃
아름다운 풍경 연출한다

조용하던 마을이
봄꽃과 함께 살아 움직인다

사방 천지에 노란 물결이 파도치고
사진사들은 순간 포착 담으려 찰칵 찰칵

눈도 마음도 몸도 입도
즐거움으로 호강하고 있다

연분홍 파도 치는 매화도
만나봐야지

상춘객 맞이하려고
예쁘게 단장했는데
눈인사는 하고 가야지.

바다 꽃섬

이월부터
동백이 꽃피기 시작한다

군락지 오동나무
봉황새 드나듦이
임금님 나올 징조

둥지 막아 지키고
질푸른 잎새마다
붉은 꽃 꽃송이째
내던진 몸

낭떠러지에 떨어진 아픔
꽃송이 푸른 정절
동백꽃 새털 날려
양탄자 깔아 놓은 바닥에
송이송이 꽃 피어난다.

등산

올라가는 산은
모두 내 것인 양
마음에 부자가 따로 없다

한 발 한 발 내디디는 순간
마음이 차츰 열리고
머리는 점점 청아해진다

겨울이 지나간 자욱
미처 숨기지 못한 채
들켜 버렸다

계곡 얼음장 아래
물 흐르는 소리
조심스레 쪼르르 쪼르르.

오일장

풍성해서
기다리고 기다리는 날

먹거리 볼거리 많아
너무 좋아

간식하면 빠질 수 없는
호떡 붕어빵

그냥 지나치면
장날에 대한 예의가 아니지

좌판에 앉아 있는 나물들
포터엔 새싹 모종 상자

마수거리 좀 해주소
덤도 더 주께

파는 사람도 사는 사람도
인정 넘치는 시골 풍경

사람 사는 맛
보는 재미 파는 재미 먹는 재미

화기애애한
시골 인심 덤 얻는 재미
진짜 좋아.

세량지

칠구재 터널
가로수 벚꽃길
한참을 지나 앵남역까지
마음은 둥둥 떠다닌다

봄바람아
불지 말아다오
떨어지는 꽃잎의
애절한 호소

머물고픈 순간들
피 토하는 심정으로
말한다

아직은 아니야
더 즐기고 싶어

호수 속 신비한 광경

물안개와 물그림자
아름다운 곳

은빛 물결 반짝이며
울렁울렁
가슴까지 벅차오른다

몽환적인 반영이
한 폭의 수채화
잔잔한 수면 위 봄의 찬가

너울이 멎으면
여기저기 경쾌한 화음
아담한 저수지 품어 버렸다.

청산도

완도 당리 마을
탁 트인 바다 풍경
석양이 아름다운 곳

느리게 느리게
쉬엄쉬엄 여행 코스

사계절 푸른 섬
이름만 들어도 마냥 좋은 곳
유채꽃의 섬

상춘객을
양귀비 만들다가
청보리로 변하기도 하는 곳

풍어제 굿이 음력 정월
초사흘 마을의 안녕을
기원하는 당제

황톳길 따라가면
화랑포 전망대
청산도의 최절정

파도도 꽃처럼 보이는 섬
낙조가 최고이며
은빛 모래사장과 노송이
분위기 살려 주는 곳

단풍 코스는
터널을 이루는 슬로길
쪽빛 바다 조망하며
걷는 최적의 산책길.

마이산

아기자기한 돌탑
차곡차곡 진열장에 책정리하듯
섬세하다

쌓아 올린 보물이
가득가득한
신비로운 돌탑

은수사에 머물면서 수도하던 중
신의 계시 받고
팔십여 개 돌탑을 세웠다

얼마나 정교히 세웠으면
수십 년 세월이 흘렀어도
수려한 모습 그대로일까

봄에는 벚꽃
여름에는 능소화

가을엔 가을대로 운치 있고
겨울엔 역고드름이 장관이다

말 두 귀는
작품 중 작품이 아닐까
사계절 그 어느 때와도 어울리는
환상 그 자체.

스킨답서스

햇빛 향해 따라나선
초행길

벽에서 벽으로 이어진
끝없는 길

덩굴손이
오르고 또 오르다

도달해야 할 길은
멀고도 험하다

까맣게 말려 버린 채
눈물마저 마르는데

여전히
가야 할 길은 힘들다

미끄러운 벽에서 쓰러지면
목적지는 자꾸 더 멀어져만 간다

새벽이 찾아와
눈뜨는 촉수

어떤 때는
줄기 잡고 벽 오르고

느릿느릿
쉼 없이 움직이는 발목
아무런 감각도 느낌도 없이

무의식이 이끄는 대로
허공 타는 순간
목적지는 늘 마음속에 있다.

송석정

입구 왼쪽은
커다란 은행나무
오른쪽은 오래된 벚나무
이곳을 수호신처럼 지키고 있다

화순 이양 강성리
양자강변의 절승지에 지어진
정자

중앙에 재실이 있고
회랑으로 되어 있다

광해군 시절
첨정을 지냈던 분
벼슬 버리고 은거 생활하던 곳

바위 노송 들이
그룹을 이루며

신선들이 머물다 갈 정도로
빼어난 경치

수많은 선비들이
발자취 남겨놓은 곳

그곳 편액은
추사 김정희 글씨

지석천 강변 휘감아 도는
수려한 풍광

연못에 노란 남개연
강가 자연으로 된 유원지.

강릉 경포대에서

출렁출렁 배 띄워 놓고
단풍 구경이나 가련다

파도 소리 바람 소리 장단 맞추며
서로 앞서거니 뒤서거니
언제나 같이 갈 수 없어
괭이갈매기도 따라온다

산과 들에는
곱게 걸려 있는 풍경화
바다의 적막함은
등대가 안내한다

언제나처럼 물감으로 채색하는 노을
흘러가는 파도처럼
이 바다의 모든 추억을
지워 버리고
삶에 지친 가슴속도

모조리 지워 버리고
가볍고 깨끗한 채로 살고프다

모든 걸 다 내려놓고
얼굴만 아니라
마음속까지 화장하고 싶다.

청보리밭

파도가 춤추듯 출렁거린다
서로를 의지하며 장단 맞춰 흔들흔들

서슬 퍼런 서릿발에
온몸이 휘어지고
쉬쉬 쉐쉐 파도 되어
밀려왔다 밀려간다

언제나처럼 밤새도록 휘감겨도
지친 기색 하나 없이
깊게 품었다 내보내는 일상

발두렁 모퉁이서
미소 짓고 서서
하염없이 바라보고 있다

함께 어울려 보자고 어깨동무하며
들판까지 품고 있다

어릴 때 발두렁 논두렁 달리던
그 시절이 새삼스레 그립다.

한실 문예창작 문우들의 작품집

오늘의 詩選集 **Series**

오늘의 詩選集 제1권

화장을 지우며
강만순 지음 / 144면

오늘의 詩選集 제2권

또 한 번 스무 살이 되고 싶은 밤
김숙희 지음 / 160면

오늘의 詩選集 제3권

사랑의 빈자리 될까 봐
박완규 지음 / 144면

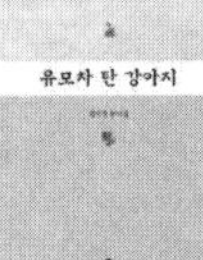

오늘의 詩選集 제4권

유모차 탄 강아지
김미경 지음 / 112면

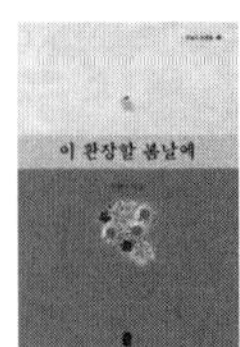

오늘의 詩選集 제5권

이 환장할 봄날에
신점식 지음 / 176면

오늘의 詩選集 제6권

작아지고 싶다
주경희 지음 / 176면

오늘의 詩選集 제7권

가을은 어디나 빈자리가 없다
전금희 지음 / 176면

오늘의 詩選集 제8권

쓸쓸함에 대하여
이후남 지음 / 176면

오늘의 詩選集 제9권

바람이 열어 놓은 꽃잎
문재규 지음 / 220면

오늘의 詩選集 제10권

단 한 번 사랑으로도
이호근 지음 / 176면

오늘의 詩選集 제11권

할 말은 가득해도
최승벽 지음 / 176면

오늘의 詩選集 제12권

비밀 일기
박봉은 지음 / 176면

오늘의 詩選集 제13권

꽃만 봐도 서러운 그날
한실 문예창작 동인지 제8집

오늘의 詩選集 제14권

마냥 좋기만 한 그대
최기숙 지음 / 176면

오늘의 詩選集 제15권

풀꽃향 당신
김영순 지음 / 176면

오늘의 詩選集 제16권

유리인형
박봉은 지음 / 176면

오늘의 詩選集 제17권

보고픔이 자라고 자라서
한실 문예창작 동인지 제9집

오늘의 詩選集 제18권

첫사랑
김부배 지음 / 176면

오늘의 詩選集 제19권

나는 매일 밤 바람과 함께 사라진다
박덕은 지음 / 240면

오늘의 詩選集 제20권

오늘도 걷는다
유양업 지음 / 176면

오늘의 詩選集 제21권

내 사람 될 때까지
전춘순 지음 / 176면

오늘의 詩選集 제22권

처음 사랑
한실 문예창작 동인지 제10집

오늘의 詩選集 제23권

당신에게·둘
박봉은 지음 / 176면

오늘의 詩選集 제24권

그 누가 다녀간 것일까
전금희 지음 / 206면

오늘의 詩選集 제25권

한 잔 술에 가둘 수 없어
이후남 지음 / 164면

오늘의 詩選集 제26권

그리움 머문 자리
이인환 지음 / 176면

오늘의 詩選集 제27권

사랑의 콩깍지
김부배 지음 / 176면

오늘의 詩選集 제28권

사랑은 시가 되어
최길숙 지음 / 176면

오늘의 詩選集 제29권

그리움이라서
이수진 지음 / 176면

오늘의 詩選集 제30권

그리움 헤아리다
배종숙 지음 / 176면

오늘의 詩選集 제31권

아직 끝나지 않은 이야기
장헌권 지음 / 176면

오늘의 詩選集 제32권

마냥 좋아서
한실 문예창작 동인지 제11집

오늘의 詩選集 제33권

그리움의 언덕에 서다
김부배 지음 / 176면

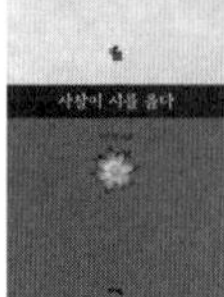

오늘의 詩選集 제34권

사찰이 시를 읊다
이수진 지음 / 176면

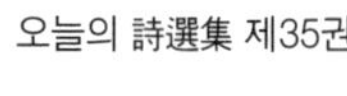

오늘의 詩選集 제35권

그대는 나의 누구인가
한실 문예창작 동인지 제12집

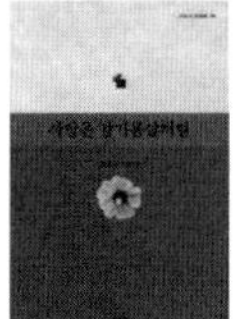

오늘의 詩選集 제36권

사랑은 감기몸살처럼
박봉은 지음 / 176면

오늘의 詩選集 제37권

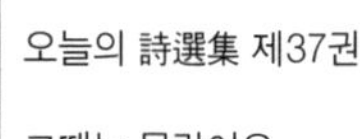

그때는 몰랐어요
정주이 지음 / 176면

오늘의 詩選集 제38권

몰래 한 사랑
조정일 지음 / 192면

오늘의 詩選集 제39권

여백의 미학
한실 문예창작 동인지 제13집

오늘의 詩選集 제40권

이 환장할 그리움
김부배 지음 / 164면

오늘의 詩選集 제41권

지금도 기다릴까
유양업 지음 / 166면

오늘의 詩選集 제42권

사랑하기까지
한실 문예창작 동인지 제14집

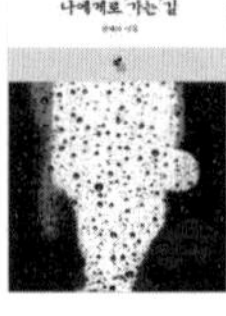

오늘의 詩選集 제43권

나에게로 가는 길
전예라 지음 / 176면

오늘의 詩選集 제44권

지금 여기에
이양자 지음 / 184면

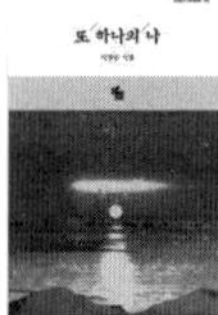

오늘의 詩選集 제45권

또 하나의 나
이명순 지음 / 176면

오늘의 詩選集 제46권

향기 나는 꽃
서정필 지음 / 192면

오늘의 詩選集 제47권

그리움의 향기
한실 문예창작 동인지 제16집

오늘의 詩選集 제48권

마음의 쉼표
김방순 지음 / 176면

오늘의 詩選集 제49권

그리움의 시간
강덕순 지음 / 176면

한실 문예창작 동인지

한실 문예창작 동인지 제1집
『한꿈』

한실 문예창작 동인지 제2집
『한꿈』

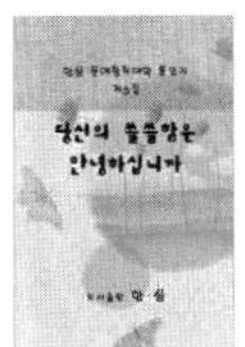

한실 문예창작 동인지 제3집
『당신의 쓸쓸함은 안녕하십니까』

한실 문예창작 동인지 제4집
『목련은 흔들리고 있다』

한실 문예창작 동인지 제5집
『그래도 한쪽 가슴은 행복합니다』

한실 문예창작 동인지 제6집
『좋은 걸 어떡해』

한실 문예창작 동인지 제7집
『아직도 사랑인가 봐』

한실 문예창작 동인지 제8집
『꽃만 봐도 서러운 그날』

한실 문예창작 동인지 제9집
『보고픔이 자라고 자라서』

한실 문예창작 동인지 제10집
『처음 사랑』

한실 문예창작 동인지 제11집
『마냥 좋아서』

한실 문예창작 동인지 제13집
『여백의 미학』

한실 문예창작 동인지 제15집
『시의 집을 짓다』

한실 문예창작 동인지 제12집
『그대는 나의 누구인가』

한실 문예창작 동인지 제14집
『사랑하기까지』

한실 문예창작 동인지 제16집
『그리움의 향기』

오늘의 수필집 Series

오늘의 수필집 제1권

그곳 봄은 맛있었다
최세환 지음 / 288면

오늘의 수필집 제3권

행복한 여정

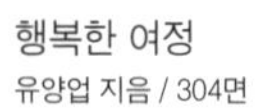

유양업 지음 / 304면

오늘의 수필집 제2권

바람 따라 구름 따라 별빛 따라
유양업 지음 / 288면

오늘의 수필집 제4권

창문을 읽다
박덕은 지음 / 164면